DARUMAのおしゃれな毛糸で編む

作りたくなるニット

シンプルな編み方だけで作れる

はじめての
ニット帽とマフラー

日本文芸社

この本は、
編み物初心者でも作れて
使える作品のガイドブックです。
ここでは挫折しないための
5つのコツを提案します。

✗ **難しい編み方**で作ろうとしないこと。

✗ **変わった糸**を選ばないこと。

✗ 彼のため、ではなく
　自分のために作ること。

✗ **最後まで**編みきること。

✗ 完成間近でミスを見つけても
　ほどかないこと。

つまり

○ **ひとつの編み方**を覚えればOK。

○ 最初はシンプルな**並太糸**を。

○ 自分のためなら**ヘタ**でも**変**でも愛着がわく。

○ "**そのうち**"は、きっと来ないので、一気に編もう。

○ 小さいことは**気にしない**。

というゆるさが大切です。

掲載作品は、かぎ針編みと棒針編みに分けて
6人の作家が**7つのテーマ**をもとに
製作しています。
気になるテーマ、作品が見つかったら
まずはそのとおりの材料で
作り方のとおりに編んでみましょう。
すべて**ユニセックス**仕様ですが
彼へのプレゼントは、**2作目**以降に。
まずはデビュー作が無事に完成しますように。

かぎ針編み：テーマ 1〜3

かぎ針編みは、かぎ針1本だけで編む手軽さが魅力です。棒針編みに比べて編み目が詰まるため、編み地が厚く、あまり伸縮はしませんが、裏を返せば型崩れしにくいということ。帽子やマフラーはもちろん、バッグやざぶとん、モチーフをつなげたマットなどにかぎ針編みがおすすめされるのはそのためです。最初に覚えたい編み方は、細編み（こまあみ）。シンプルな編み地なので汎用性が高く、これさえ覚えてしまえばいろいろなものが編めるようになります。

棒針編み：テーマ 4〜7

棒針編みは、棒針2本、手順によっては4〜5本を使って編みます。そのビジュアルから難しそうと思われがちですが、かぎ針編みでは出せないやわらかな風合いと伸縮性が魅力で、セーターやカーディガンなどの洋服はほぼ棒針編みです。最初に覚えたい編み方は、表編みと裏編み。このふたつが編めれば、メリヤス編みもガーター編みもゴム編みも編めます。まずは表編みからしっかり練習しましょう。

CONTENTS

P.6、71
まっすぐ編みの
ポンポン帽子A・B

P.10、72
まっすぐ編みの
チェック柄ポンポン帽子

P.10、73
まっすぐ編みの
チェック柄
ポンポンマフラー

P.12、74
パプコーン編みの
ポコポコダイヤ柄帽子

P.14、76
パプコーン編みの
ポコポコダイヤ柄スヌード

P.16、78
よね編みのベレー帽A・B

P.18、77
3種の糸を組み合わせた
模様編みのスヌード

P.20、82
模様編みのアレンジ
ネックウォーマー

テーマ 1
細編みと
すじ編み／うね編み
Design／小鳥山いん子

テーマ 2
パプコーン編み
Design／くげなつみ

テーマ 3
よね編み他
Design／がーりーはんどめいらー神戸秋弘

P.42　編み始める前にやること1　毛糸を買う

P.44　編み始める前にやること2　用具を揃える

P.46　編み始める前にやること3　練習

P.61　かぎ針編みビギナー作品
　　　〈まっすぐ編みのポンポン帽子の作り方〉

P.66　棒針編みビギナー作品
　　　〈シンプル模様の編み込み帽子の作り方〉

P.70〜　HOW TO MAKE

P.94　この本で使用する編み方記号表

P.22、83
シンプル模様の編み込み帽子

P.22、84
シンプル模様の編み込みマフラー

P.24、85
ブロック柄の
バイカラー
ネックウォーマー

P.26、86
V字模様のターバン

P.30、87
トップを桜型に絞る
表目と裏目模様の帽子

P.30、88
表目と裏目模様の
バイカラースヌード

P.32、92
3種のリブ編み
帽子えりまき

P.36、89
「8目1模様」で
斜め模様を作る
ネックウォーマー

P.38、90
「8」のペースで編む
裏目と表目の
帽子A・B

A

B

テーマ 4
メリヤス編みの編み込み
Design／矢羽田梨花子

テーマ 5
表目と裏目の
模様編み
Design／ベルンド・ケストラー

テーマ 6
リブ編み
Design／くげなつみ

テーマ 7
裏目と表目の
組み合わせ
Design／ザ・ハレーションズ

boubari

※印刷物のため現物と色が異なる場合があります。ご了承ください。
※作品で使用している糸はDARUMA（横田株式会社）製です。針などの用具はチューリップ製です。
　表示内容は2019年10月のものです。

テーマ 1

細編みとすじ編み／うね編み
Design／小鳥山いん子

B

A

まっすぐ編みの
ポンポン帽子A・B

細編みとすじ編み（うね編み）で作る簡単＆シンプル設計の帽子。編み地を縦に使うことで棒針編みのような縦ラインのデザインになります。

HOW TO MAKE P.71

Wear：women／Hholic

B

A

Wear／Hholic

まっすぐ編みのチェック柄
ポンポン帽子&ポンポンマフラー

まっすぐ編みのアレンジ作品。編み込みではなくあとから編み付けて
チェック柄にするので、色や間隔の修正も簡単にできます。

HOW TO MAKE P.72

Wear(pants) / Hholic

テーマ 2 | パプコーン編み
Design／くげなつみ

パプコーン編みの
ポコポコダイヤ柄帽子

ポップコーンの形に似ていることから名付けられたパプコーン編み。ユニークな編み地ときれいなブルーがコーディネートの幅を広げます。

HOW TO MAKE P.74

パプコーン編みの
ポコポコダイヤ柄スヌード

ポコポコとした編み地のスヌードはボリューム感
たっぷり。シンプルなコートの上にかぶれば冬
ファッションのアクセントに!

HOW TO MAKE P.76

テーマ3 よね編み他
Design／がーりーはんどめいらー神戸秋弘

よね編みのベレー帽A・B

よね編みとは、細編みとくさり編みだけで構成された模様編みのひとつ。この帽子は、トップから増し目をするのではなく、かぶり口から減らし目をする方法。男性でもかぶやすいほどよいボリューム感が魅力です。

HOW TO MAKE P.78

Wear:women／Hholic

3種の糸を組み合わせた
模様編みのスヌード

くさり編みと細編みだけの簡単な模様編みで仕上げるロングサイズのスヌード。さっと首にかけてもぐるぐる巻いても決まります。

HOW TO MAKE P.77

模様編みのアレンジ
ネックウォーマー

細編みを細編み表引き上げ編みにすることで、縦に筋が入ったデザインに。ふわふわのフェイクファーもポイントです。

HOW TO MAKE **P.82**

Wear／Hholic

テーマ 4 | メリヤス編みの編み込み
Design／矢羽田梨花子

22

シンプル模様の
編み込み帽子&マフラー

メリヤス編みのシンプルな編み込み模様だから入門編
としておすすめ。マフラーは輪で編み、袋状にしてとじ
るので、編み込み糸のめんどうな糸始末は不要です。

HOW TO MAKE　P.83、84

ブロック柄の
バイカラーネックウォーマー

1段と2段の編み込み模様を取り入れたネックウォーマー。コーディネートに合わせて2色のバランスを変えてみて。

HOW TO MAKE P.85

V字模様のターバン

2目ずつ交互に編む模様を1段ずつずらすだけの編み込み模様。極太糸を使っているので、たった21段編むだけ。巻き方はお好みで。

HOW TO MAKE P.86

テーマ 5 | 表目と裏目の模様編み
Design ／ベルンド・ケストラー

28

トップを桜型に絞る
表目と裏目模様の帽子

表目を1段編んだら、次の段は表目2目裏目2目。これを交互に繰り返すだけでエレガントな模様に。トップは減らさず、かぎ針を使って桜の花びらのようにはぎ合わせます。

HOW TO MAKE　P.87

表目と裏目模様の
バイカラースヌード

帽子と同じ模様のスヌード。2色のボリュームを変えたり、シマシマにしたり自由にアレンジを楽しんで。

HOW TO MAKE　P.88

テーマ 6 | リブ編み
Design／くげなつみ

3種のリブ編み帽子えりまき

2種類の帽子とえりまきになる魔法のような帽子えりまき。編み方は表目と裏目を組み合わせるリブ編みをベースにしたシンプル仕様です。

HOW TO MAKE　P.92

Wear／Hholic

34

3way!

テーマ 7 | 裏目と表目の組み合わせ
Design／ザ・ハレーションズ

「8目1模様」で斜め模様を作る ネックウォーマー

「裏目123456、表目78」の8目1模様を1段ごとに1目ずつずらしながら編むだけ。いつの間にか斜め模様が出来上がります。表目派は裏返せばOKのリバーシブル仕様。

HOW TO MAKE **P.89**
Wear／Hholic

「8」のペースで編む
裏目と表目の帽子A・B

「裏目1234567、表目8」を8回繰り返すだけのリバーシブル帽。編み始めの1目ゴム編みを長くく編めばBパターンになり、折り返してかぶれます。

HOW TO MAKE P.90
Wear:P.41／Hholic

reversible!

B

1 編み始める前にやること
毛糸を買う

編み物の主役といえば、毛糸。
店頭にはさまざまな種類の毛糸が並び、
目移りしてかなり迷ってしまうはず。
それもまた楽しい時間なので、たくさんの毛糸を
見て触って、自分好みの色や素材を探りましょう。
次ページに毛糸選びのコツを紹介しているので
最初の一歩で失敗しないための参考に。

PREPARE

毛糸選びのコツ

毛糸にはいろいろな種類があり、素材、太さ、色とバリエーション豊富。
作品がおしゃれに仕上がるかどうかは毛糸の力も大きいので
この本の作品はすべてDARUMAの手編み糸を使用。
その中から、初心者におすすめしたい毛糸をピックアップしました。
人それぞれ好みがあるように、編みやすさ編みにくさにも個人差があるので
毛糸選びに迷ったときのヒントにしてください。

チェビオットウール
棒針7〜8号、かぎ針7/0〜8/0号
チェビオットウール（英国羊毛）100%の並太糸。コシのあるしっかりとした手触りで、少し硬さは感じられるものの、糸が割れにくいので編みやすさは◎。

メリノスタイル並太
棒針6〜7号、かぎ針6/0〜7/0号
オーストラリア産のメリノウールを100%使用したスタンダードな糸。ちょうどよい太さと柔らかさ、価格的にも編み物デビューにぴったり。カラーバリエーションも豊富。

メリノスタイル極太
棒針9〜11号、かぎ針8/0〜9/0号
同じくメリノウール100%。並太よりも太いので、しっかりとした編み地に。並太に比べるとやや糸が割れやすいので、ゆるめに編むのがおすすめ。

シェットランドウール
棒針5〜7号、かぎ針6/0〜7/0号
シェットランドウール（英国羊毛）100%の並太糸。英国羊毛の中では柔らかく光沢感のあるタイプ。糸を少し引っ張りながら編むと編み目が揃いやすい。

手つむぎ風タム糸
棒針11〜12号、かぎ針8/0〜9/0号
ふんわりとしたやさしい肌触りの極太糸。ストレートヤーンに比べ、編み地にニュアンスが出るので、編み目が揃っていなくてもあまり気にならない。

ウールタム
棒針14〜15号、かぎ針7〜8mm
ふわふわでボリューム感たっぷりの超極太糸。糸自体にクセがなく、適度なハリとコシがあるので、太い針に慣れればあっという間に編み上がる。

ウールモヘヤ
棒針10〜12号、かぎ針9/0〜10/0号
毛足の長いボリューム感のあるモヘヤなので、細いモヘヤより編みやすい。ストレートヤーンよりも編み目が目立ちにくいメリットと、針が引っかかりやすいデメリットあり。

※ストレートヤーンとは糸の太さや撚りが一定でまっすぐな糸のこと。

毛糸に関する問い合わせはDARUMAまで(P.96)

2 編み始める前にやること
用具を揃える

お気に入りの毛糸を見つけたら、
次に編み物の用具を揃えます。
かぎ針編み、棒針編みでそれぞれ用具は異なりますが
毛糸と一緒にまず購入したいのが、針。
毛糸のラベルで、最適な針のサイズをチェックし、
かぎ針か棒針を選びましょう。
最初は必要最小限でOK。
作りたい作品に合わせて補充しましょう。

PREPARE

毛糸のラベルの見方

毛糸には必ずラベルが付いています。裏面には、その毛糸の特徴が記載されているので、用具を揃える際の参考になります。洗濯などの取り扱い方法などもわかるので、作品が編み上がるまで大切に保管しておきましょう。

❶ **品質** ウールやアクリルなど、糸の素材や糸の混紡率などを表記。

❷ **重量と長さ** 毛糸1玉の重さと長さ。同じ重さなら、糸が長いほど糸が細い。同じ太さで同じ重量でも、糸の長さが違うことがあるので注意。

❸ **参考使用針** その糸に適したかぎ針、棒針の号数(サイズ)。

❹ **標準ゲージ** 参考使用針で編んだ場合の、標準的なゲージ(P.60「ゲージってなに?」参照)。この糸は、棒針のメリヤス編みで編んだときの10cm四方の大きさに入る目数と段数を表記。かぎ針のゲージも表記されている場合は、長編みの10cm四方。

❺ **標準使用糸量** 参考使用針でゲージのとおりに編んだ場合、該当の作品を作るときに必要な糸の玉数の目安。

❻ **取り扱い方法** 主に洗濯表示。洗濯やアイロンなどの際に適した取り扱い方法が記載されています。

❼ **色番号とロット** 毛糸の色を表す色番号。ロットは染めの生産番号を表します。ロットが変わると同じ糸でも微妙な色差が生じることもあるので、必要な玉数が決まっている場合は、なるべく最初に同じロット番号の糸をまとめ買いしましょう。

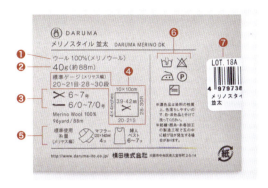

揃えておきたい用具

この本の作品を編むために揃えておきたい主な用具を紹介。かぎ針や棒針はたくさんの種類があるので、一気に揃えるよりも、そのつど必要に応じて買い足していきましょう。

輪針

キャリーシー ロング 切り替え式竹輪針&切り替え式あみ針用コード 50cm、60cm

帽子やスヌードなど、輪に編む作品には輪針がおすすめ。中でも、必要なサイズの編み針とコードを接続して使うタイプが便利。減らし目がない場合は、輪針で一気に伏せ止めまでできます。

キャリーエス 切り替え式竹輪針セット

帽子を編む際、トップの目を減らす場合には通常4本組か5本組みの棒針を使用。切り替え式竹輪針シリーズからは、小さな輪が編めるタイプも登場。中間がコードなので柔軟で編みやすいのが特長です。

かぎ針

エティモ ロゼ クッションクリップ付きかぎ針 7/0、8/0、9/0 号

かぎ針には、金属製や竹製のものもありますが、長時間編んでも指が痛くなりにくいクッショングリップ付きがおすすめ。2/0号から15mmのビッグかぎ針までサイズ展開が豊富ですが、最初は7/0〜9/0号程度から始めましょう。

編み針キャップ

amicolle 編み針キャップ(大)(小)

棒針の先にはめて、編み目が針から外れないようにするためのもの。4本針や5本針の先に付ければ、玉付き針の代用にも。

ゲージ用スケール

amicolle クリアクイックゲージ

ゲージを計るためのものさし。内側5cm角、外側10cm角に、何目(横)で何段(縦)かを測ることができます。目盛りは、どんな色の編み地も見やすい黄色です。

とじ針

amicolle 毛糸とじ針 アソートセット(細番手)

糸の始末や編み地をはぎ合わせるときに使用。毛糸の太さによって使い分けができるセットがおすすめ。ケースはマグネット付き。

段かぞえマーカー

amicolle 段かぞえマーカーセット(チューリップ)

編み目にひっかけて、段数の目印にする小さなリング。途中で編み方を変える際の目印として、目数リングとしても使えます。

用具に関する問い合わせはチューリップまで(P.96)

編み始める前にやること
練 習

毛糸と用具を揃えたら、あとは編むだけ。
ただし、いきなり作品作りに取りかかるのは×。
まずはその作品に必要な編み方を練習することから始めましょう。
たくさんの編み方を覚える必要はありません。
かぎ針編みならくさり編みと細編み、
棒針編みなら表編みと裏編み。
基本の編み方をマスターすれば
いろいろな作品を編むことができます。

PREPARE

かぎ針編みの練習

かぎ針編みは1本の針だけで編める気軽さが魅力。
さまざまな技法で編み目の違いを楽しむことができます。
前の段の目を拾っていく編み方なので、目を落とさないことがポイント。
まずは、基本のくさり編みと細編みの練習をしましょう。

編むための準備

編む前に、毛糸やかぎ針に慣れることが大事。
右手にかぎ針、左手に毛糸、それぞれの持ち方や
編み始めるための第一歩、作り目などを覚えましょう。

動画もチェック！

くさり編みの作り目の最初の目

作り目とは最初の段目を編むための土台となる編み目のこと。
この本のかぎ針編みの作品は、すべてくさり編みの作り目から始まります。

1 糸を10cmほど出し、輪にする。

2 輪の中に指を入れる。

3 輪の中から長いほうの糸を引き出す。

4 輪と糸を上下に引っ張り、引き出した糸を引き締める。

5 編むときはこの輪に、針を入れる。

47

糸の持ち方

実際は持ちやすい方法でいいのですが、最初は左手の中指と薬指を通して人差し指にかける、糸の張りを調節しやすい持ち方がおすすめです。

1 作り目の最初の輪を右手で持ち、糸玉側の糸は左手の薬指と中指を通して人差し指にかける。

2 左手の人差し指にかけた糸を、親指と中指で挟んで持つ。

3 左手の3本の指で輪の根元を持ち固定させたら右手で針を持つ。

4 輪の中に針を入れる。

5 左手の人差し指と、親指と中指で持った糸端を矢印の方向に同時に引き、輪を引き締める。これが最初の1目になる（この目は作り目の目数に入れない）。

\\ POINT!! //

かぎ針の基本の持ち方

右手の親指と人差し指で針先から5〜6cmあたりのグリップのくぼんだ部分を持ち、針を動かす。中指は針の下側に軽く添え、針の動きを助けたり、薬指とともに編み地を支えたりする。

PREPARE

2 基本の編み方

かぎ針編みの基本といえば、くさり編みと細編み。
このふたつの編み方ができたら、
P.61〜の作品に挑戦してみましょう。

基本の編み方① くさり編み

くさりのように連続した編み目で、編み地の土台や飾りになります。
この本のかぎ編みの作品は、編み始めの作り目はすべてくさり編みです。

1　矢印のように針を動かし糸をかける。

2　針に糸がかかったら、

3　針にかけた糸を輪の中から引き出す。

4　くさり編みが1目編めたところ。

5　2〜3を繰り返し、必要な数のくさりを編む。

POINT!!

くさり編みの表目と裏目

編み目は表側と裏側で違い、それぞれ表目、裏目といいます。かぎ針編みの場合、作り方の中で「裏山を拾う」「向こう半目」といった表現が出てくるので、迷わないように覚えておきましょう。

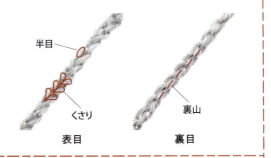

表目　　裏目

基本の編み方② 細編み

かぎ針編みの代表的な編み方が、細編み。
シンプルな編み方と厚みのある仕上がりが特長です。
針を入れる位置を少し変えるだけですじ編みになり、編み地にも変化が現れます。

動画もチェック!

1段目の編み方

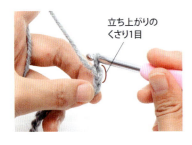

立ち上がりのくさり1目

1 くさり編みの作り目を必要数編んだら、もう1目余計にくさり編みを編む。これを「立ち上がりのくさり1目」といい、編み地に1段分の幅を出すための1目なので、目数には入れない。

2 立ち上がりのくさり1目の隣の裏山に針を入れ、矢印の方向に糸をかける。

3 かけた糸を引き出す。針には2本の輪がかかる。

4 もう一度針に糸をかける。

PREPARE

5 針にかかった2本を一緒に引き抜く。細編み1目が編めたところ。

6 続けて、隣の目のくさりの裏山に針を入れる。

7 針に糸をかける。

8 糸を引き出す。

9 もう一度針に糸をかけ、2本一緒に引き抜く。細編みが2目編めたところ。

10 6〜9を繰り返し、1段目の最後の目の手前まで編めたところ。

11 最後の目を見落とさないように編む。1段が編めたところ。

> 2段目の編み方

12 立ち上がりのくさりを1目編む。

13 編み地を矢印の方向に回転させ向きを変える。

14 1段目の右端の頭くさり2本に針を入れる。

15 針に糸をかける。

16 糸を引き出す。

17 もう一度針に糸をかけ、2本一緒に引き抜く。2段目の1目めが編めたところ。

18 1目め同様に、隣の2目め、3目め、4目めと編み進める。

19 2段目も最後の目を見落とさないように注意。

20 2段目が編み終わったところ。3段目以降も、端まで編んだら立ち上がりのくさり1目を編み、編み地の向きを変え1目ずつ編み進める。

PREPARE

POINT!!

細編みとすじ編みの違い

編み方は同じ。ただし、針を入れる位置が異なります。細編みは、前段の目の頭のくさり2本を拾いますが、すじ編みは、目の頭のくさり向こう半目に針を入れます。これだけの違いなのに、すじ編みは筋が入った編み地になります。また、すじ編みは1段ごとに編み地の向きを変えながら（裏返しながら）編むと「うね編み」と名称が変わります。

細編み

すじ編み

うね編み

動画もチェック！

3

編み終わりの糸の始末

編み終わったら、残った糸の始末をします。
きれいに仕上げるための大事なプロセスです。

1 最後の目まで編んだら、糸を10cm程度残してカットする。

2 カットした糸をかぎ針にかける。

3 最後に残った目に引き抜き、糸を引き締める。

4 とじ針に、引き抜いた糸を通す。

5 とじ針を編み地の裏の、端から1つ内側の目に通し、糸を渡す。

6 とじ針を引き抜き、余った糸をカットする。

棒針編みの練習

伸縮性がありふんわりと仕上がるのが棒針編みの魅力。
かぎ針と違って、2本以上の棒針を使うのが特徴です。
編み込みや模様編みなどさまざまな編み方がありますが、
まずは基本の表編み・裏編みの練習をしましょう。

1 編むための準備

棒針編みの場合、棒針を2本使って編み始めるため、
両手に針を持つことに慣れることが大事。
その際の針の持ち方、糸のかけ方などから覚えていきましょう。

動画もチェック！

作り目の作り方

作り目とは棒針編みをするための土台のようなもの。
この本の棒針編みの作品は、すべて「指でかける作り目」から始まります。

1 作品の予定サイズの3倍の長さの糸を出し、輪を作る。

2 輪の中に指を入れて糸をつまみ、

3 輪の中から長いほうの糸を引き出す。

4 糸を引っ張りあって、輪を引き締める。

\\ POINT!! //

作り目の棒針と糸の持ち方

右手で棒針を持ち、左手の指に糸をかけます。親指に糸端を、人差し指に玉とつながる糸をかけ、糸を張りながら残りの指で糸2本をまとめて持ちます。

54

PREPARE

5 輪の中に棒針2本を通して引き締めると、作り目の1目めが完成。

6 親指にかけた糸に、針を手前下からすくうようにかける。

7 そのまま針を人差し指の糸の間に上から入れる。

8 糸をかけたまま、親指の糸の間に針を通す。

9 親指の糸を外し、糸を引き締める。これで2目めが完成。

10 6〜9を繰り返し、必要な目数を作る。

11 必要な目数ができたら、針を1本抜く。これが1段目になる。

POINT!!

作り目は針1本でも作れる

作り目は、針1本に作ることもできます。針2本で作ったものと1本で作ったものでは1段目の長さや見た目も変わってくるのでお好みで。

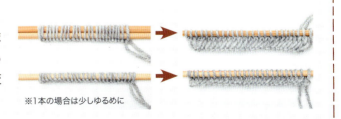

※1本の場合は少しゆるめに

2 基本の編み方

棒針編みの基本の編み方は、表編みと裏編み。
表編みで編んだ目を「表目」、裏編みで編んだ目を「裏目」といい、1段ごとに表編みと裏編みを交互に編むのがメリヤス編み、表編みだけで編むのがガーター編みです。（往復編みの場合）

基本の編み方① 表編み

くさりがびっしりとつながったようなきれいな編み地が特長。編み方は簡単ですが、
編み目が目立ちやすいので棒針編みの練習にぴったりです。

1 糸は向こう側に置き、作り目の1目めに右の針を手前から入れる。

2 右の針に、糸を下からかけ、かけた糸を指で軽く押さえる。

3 そのまま1の目の中にくぐらせて糸を引き抜く。

4 左の針から作り目1目を外す。表目の1目が完成。

5 1〜4を繰り返す。表目の裏面は、裏目の編み地になる。

裏面

⚡POINT!!⚡

棒針の基本の持ち方

左手の人差し指を立て糸をかけ、糸を張ります。右手は、針を軽く持ち、人差し指はかけた糸を軽く押さえるなど、針から目をスムーズに抜くためのサポートをします。

PREPARE

基本の編み方② 裏編み

表編みとの違いは糸の引っかけ方。
糸を指で押さえながら針にかけるのがコツ。

1　糸は針の手前側に置く。

2　右の針を手前から入れる。

3　右の針の上から下に糸をかけ、かけた糸を指で軽く押さえる。

4　そのまま目の中に糸をくぐらせて引き抜く。

5　左の針から1目外す。裏目の1目が完成。2〜5を繰り返す。

\\ POINT!! //

ガーター編みとは？

メリヤス編みを輪で編む場合は表編みだけですが、往復で編む場合は表編み、裏編みを交互に繰り返します。ガーター編みは、往復で編む場合もずっと表編み。間違いやすいので気を付けましょう。

※P.60も合わせてご覧ください。

3 表目の伏せ止め

最終段まで編み上がったら、最後に編み目がほどけないようにとじます。
これを「目を止める」といいます。止め方にもいろいろな方法がありますが、
代表的で簡単な、表目の伏せ止めの仕方を紹介します。
目がつれないように、少しゆるめに編むのがポイントです。

1 端の2目を表編みする(①②)。

2 左の棒針を右側の①の目に入れる。右側の①の目を②の目に被せる。

3 1目分伏せ止めが完成。

4 表編みを1目編む(③)

5 左の棒針を右側の②の目に入れ、右側の②の目を③の目に被せる。

6 2目分伏せ止めが完成。

7 4〜5を繰り返すと、くさり模様にとじられる。

8 左の針に目がなくなったら、右の針に残った目を引いて輪を大きくする。

9 棒針を抜き、糸を10cm程度残してカットする。

PREPARE

10 8の輪の中に9で切った糸を通す。

11 左手で編み地を持ち、通した糸を引っ張って引き締める。

12 表目の伏せ止めが完成。

編み終わりの糸の始末

編み終わったら、残った糸の始末をします。
きれいに仕上げるための大事なプロセスです。

1 編み上がりの編み地は丸まりやすいので、手で整えるか軽くアイロンをかけておくと糸始末がしやすくなる。

2 編み終わりの糸をとじ針に通し、表に出ないように編み目の中に5cm程通して糸を隠す。

3 とじ針を引き抜き、余った糸をカットする。

59

Column1

"ゲージ"ってなに？

ゲージとは、編み目の大きさのことを10cm四方に何目・何段あるかで示しています。最初に試し編みをして「ゲージをとる」といいますが、その目的は作りたい作品をサイズどおりに作るため。例えばゲージの表記が「メリヤス編み18目24段10cm四方」であれば、10cm四方の中に18目24段あるという意味。本や毛糸のラベルにはゲージが記載されていますが、編み手によって編み加減が違うため、同じ糸、同じ針で編んでも、仕上がりサイズが違うという失敗を防ぐため、少々めんどうでも最初にゲージをとることをおすすめします。ちなみに初心者の場合、強めに編む傾向にあるので、最初の練習でいろいろな力具合で編んでみましょう。

かぎ針編みのゲージ
細編みのゲージ。目のつまり加減が安定していれば、初めの2、3段編んだ幅を目安にしてもOK。

棒針編みのゲージ
メリヤス編みは特に、伸縮性が高く編み地が丸まりやすいので、ある程度の大きさを編んで測るようにしましょう。

ゲージのとり方・調整方法

一般的には各作品ページの[ゲージ]で指示する編み方で15cm四方の試し編みをし、10cm四方で何目分・何段分と数えます。本のゲージのサイズが合わない場合、いちばん簡単な調整方法は針の太さを替えてみることです。

本のゲージより目数・段数が多い
→針を1〜2号細くする

本のゲージより目数・段数が少ない
→針を1〜2号太くする

Column2

輪編みと往復編みの違いとは？

棒針編みの場合、輪にして編む輪編みと、表と裏を交互に編む編み地が平らな往復編みがあり、同じメリヤス編みでも編み方が異なります。Aがメリヤス編みの編み図で、表側から見たときの状態を表しているのですべて表目の記号になります。ところが往復編みの場合は、Bのように表編み、裏編みを交互に編むので注意しましょう。この本の棒針編みの作品はすべて輪編みなので、Aの記号どおりに編めばOKです。ちなみにBは、ガーター編みの編み図です。

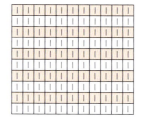

A：メリヤス編みの編み図

B：実際の編み方

| かぎ針編みビギナー作品 | P.47〜と合わせてご覧ください。 |

まっすぐ編みのポンポン帽子の作り方

P.6「まっすぐ編みのボンボン帽子」を例に、かぎ針編みの基本の帽子を作ってみましょう。作り方は、細編み・すじ編みをまっすぐに編んで、筒状にとじるだけ。ゲージも不要のシンプル設計なので、どんな糸でも編めてアレンジも簡単なので、はじめての作品におすすめです。

Check! STEPどおりに作ってみましょう

❶□ くさり編みの作り目を約30cm編む。
❷□ 細編み・すじ編みで、頭周りと同じ長さになるまで編む。
❸□ ❷を筒状にとじる。
❹□ とじ針で並縫いして、トップを絞り、糸の始末をする。
❺□ ポンポンを作り、トップに取り付ける。

STEP1

作り目〜細編み・すじ編み（うね編み）の編み方

細編みの本体と、すじ編みの裾（折り返し部分）を同時に編みます。気をつけるのは、細編みとすじ編みの境目がずれないようにすることだけ！

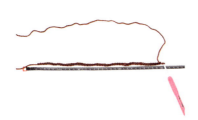

1 7/0号かぎ針でくさり編み（P.49参照）の作り目を、引っ張らない状態で長さ30cm程度まで編む。

2 細編み（P.50参照）を1段編み、2段目は残り8cmまで細編みを編む。

3 残りの8cm分は、くさりの向こう半目を拾ってすじ編み（P.53参照）を編む。

4 このとき、1目めのすじ編みに段かぞえマーカーを付けて、細編みとすじ編みの境目を印しておく。

5 2段目を編み終えたら編み地の向きを変え、段かぞえマーカーのところまですじ編みを編む。こちら側にも段かぞえマーカーを付けておく。

6 段かぞえマーカーを境に、細編みとすじ編みを編み分ける。4〜5段編むごとに、手で軽くのばして編み地を整えておく。

7 細編みとすじ編みを繰り返し、軽く引っ張った状態で長さが58cmを超えたら、頭に巻いてサイズを確認し、ちょうどいい長さ(本作品は頭囲58cm)まで編む。このとき、編み終わりはすじ編み側にする。

\\ POINT !! //

なぜ8cm分のすじ編み(うね編み)が必要?

なぜ一部分だけすじ編みなのか? 全部細編みではいけないのか?という疑問をもつかもしれません。このすじ編み部分は帽子の裾、折り返し部分にあたるのです。すじ編みはその名のとおり、すじが出るのが特徴で、編み地を縦にすると細編みとすじ編みの差は歴然。棒針編みのゴム編みのような風合いを出すことができるのです。

細編み / すじ編み(うね編み)

STEP2
編み地のはぎ方

編み地をはいで筒状にします。すじ編み部分と細編み部分では拾う目が異なるので気をつけましょう。

8 編み地を中表に折って端を合わせ、くさり編みを1目編む。

9 端の目の頭のくさり2本と、向こうくさり半目に針を入れる。

10 糸をかけて矢印の方向に引き出し、

11 そのまま1本目の輪に引き抜く。

12 すじ編み1目分はいだ状態。

13 9〜12を繰り返し、すじ編み部分をすべてはぐ。

14 細編み部分は、どちらも頭のくさり2本に針を入れる。

15 糸をかけて、

16 引き出し、そのまま1本目の輪に引き抜く。

17 細編み1目分はいだ状態。

18 端まではぎ終えた状態。

19 編み地幅の約2倍の糸を残してカットする。

20 最後の目に糸を針にかけて引き抜く。

21 糸をしっかりと引き締める。編み始めの糸端は切らずにとっておく。

STEP3
トップの絞り方、仕上げ方

とじ針で並縫いをし、トップを絞り、ポンポンを取り付けて仕上げます。

22 21で引き抜いた糸をとじ針に通し、筒状になった編み地の端から1目下あたりにとじ針を入れ、2、3目間隔で並縫いをする。

23 一周並縫いをする。

24 糸を引っ張り引き締める。

Crochet BASIC

25 絞った部分3、4ヶ所にとじ針を通し、しっかりと口をとじる。

26 とじ針を糸から外し、残った糸端と21でとっておいた編み始めの糸端を固結びをして糸をカットする。

27 編み地を表に返す。ポンポンメーカーなどでポンポンを作り、トップの中央部分にとじ針で通し、裏側でくくりつける。

28 すじ編み（うね編み）部分を外側に折りまげたら完成。

ポンポンは厚紙でも作れる！

出来上がりサイズより1cm程度大きな厚紙をイラストのようにカットし、お好みのボリュームまで糸を巻く。厚紙の切り込みから連結糸を入れ、中央をしっかり結ぶ。厚紙から抜き、左右の輪をカットして形を整えれば完成。連結糸で編み地に取り付ける。

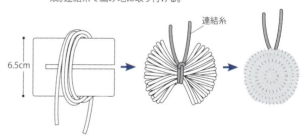

\\ POINT!! //

途中で糸が終わったら？

編み進めていくと途中で糸が足りなくなります。新しい毛糸と編み継ぐ方法はいろいろありますが、簡単に固結びで繋げばOK。このとき、結び目の糸を5cmほど残しておき、かぎ針で編み地の裏に引き抜いて隠せば大丈夫です。

❶かぎ針で結び目を裏面に引っ張り出す。

❷隣の目にかぎ針を入れ、結び目の糸をかけて引き抜く。

❸糸が隠れるまで数回繰り返す。

| 棒針編みビギナー作品 |  と合わせてご覧ください。

シンプル模様の編み込み帽子の作り方

P.22「シンプル模様の編み込み帽子」を例に、棒針編みの基本の帽子を作ってみましょう。輪針を使った輪編みなので、表編みだけを編むメリヤス編みがメイン。難しそうな編み込み模様も、2段だけだからあっという間。かぶり口の1目ゴム編みの編み方も一緒に覚えましょう。

Check!　STEPどおりに作ってみましょう

❶□ 作り目84目を編み、輪にする。
❷□ 1目ゴム編みを9段編む。
❸□ メリヤス編みを5段編む。
❹□ 編み込み模様を2段編む。
❺□ メリヤス編みを40段編む。
❻□ 針に残った目に糸を2回通す。
❼□ 糸を引いてトップを絞り、糸の始末をする。
❽□ トップにポンポンを取り付ける。

STEP1
作り目を作って輪にする

輪針の作り目と、編み始めを紹介します。

1 50cm輪針12号の針部分をまとめて、作り目84目を作る(P.54、55参照)。

2 針を1本抜いて、糸玉側の針を右側にする。このとき作り目がねじれないよう注意しましょう。

3 2をそのまま両手で持つ。このとき右の針に目数リングなどを通しておく。その左側の目が、1段目の編み始めの目になる。

Knit BASIC

STEP2
1目ゴム編みの編み方

帽子のかぶり口にあたる部分。表編みと裏編みを1目ごと交互に編むと、伸縮性のある1目ゴム編みになります。

4　糸を向こう側にし、表編み(P.56参照)を1目編む。

5　糸を手前側にし、裏編み(P.57参照)を1目編む。

6　4、5を繰り返すと1目ゴム編みになる。写真は1周編んだところ。1目ゴム編みをあと8段繰り返す。

STEP3
編み込み模様の編み方

1目ゴム編み以降は表編みだけのメリヤス編みを編みます。途中の編み込み模様もメリヤス編みですが、糸の持ち方や処理の仕方がポイントです。

7　表編みを5段編む(メリヤス編み)。

8　地糸(グリーン)で表編みを1目編む。

9　配色糸(ダークネイビー)を用意し、15cm程度糸端を残して編み地の後ろに右手で持つ。

10　配色糸を、地糸と同様に人差し指にかけて糸を張る。編み進める際、糸をかける位置が入れ替わらないように注意しましょう。

11　配色糸を針にかけて表編みを1目編む。

12　地糸を針にかけて表編みを1目編む。

67

13 11と12を交互に繰り返し、1段目の最後の目は配色糸で終わる。編み込み模様の1段目が編めたところ。

14 編み込み模様の2段目は色の順番が逆になるため、1目めは配色糸で表編みを1目編む。

15 2目めは地糸で表編みを編む。

16 2目編めたところ。針にかける糸と下の目の色が常に違う色であることを確認しながら編む。

17 14と15を交互に繰り返し、最後の目は地糸で終わる。編み込み模様の2段目が編めたところ。

18 編み込み模様が2段編めたら、配色糸を15cm程度残してカットする。

19 地糸のメリヤス編みを40段編んだら、糸を編み地の幅の約4倍の長さでカットする。

POINT!!

模様がずれるのは失敗!?

編み込み模様を編んだ表目は模様が浮かび上がり、裏目は糸が横に渡っています。写真の○の位置では模様がずれていますが、輪針でぐるぐると輪に編んでいくため、段のつなぎ目はどうしても模様1段ずれて編み上がってしまうのです。失敗ではないので慌ててほどいたりしないように！

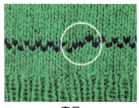

表目

裏目

Knit BASIC

STEP 4　トップの絞り方

減らし目をしない場合のトップのとじ方。伏せ止めをしてから並縫いでとじる方法もありますが、ここでは編み針に残った目に糸を通して絞る方法を紹介します。

20 19でカットした糸をとじ針に通し、編み針から目を外さずにとじ針をすべての目に通す。

21 2周目は編み針を外しながらとじ針をすべての目に通す。

22 目に通した糸を引いて、少しずつ絞る。

STEP 5　糸処理・仕上げ方

糸端をとじ針で編み地の目の中に入れて処理するときれいに仕上がります。

23 糸を絞りきったところ。

24 23を裏返し、とじ針を表に響かないよういくつか目の中に通して、糸を目の中に入れる。編み込みの配色糸や地糸の糸替えの部分も同様に、糸端を目の中に入れる。

25 編み始めの糸端をとじ針に通し、帽子の表側から1目隣の作り目に糸を通す。

26 糸を引き、目を引き締める。

27 編み地を裏に返し、ゴム編みのV字の目の右側に5目ほどとじ針で通し、糸をカットする。

28 ポンポンメーカーなどでポンポンを作り、トップの中央部分にとじ針で通し、裏側でくくりつける。

HOW TO MAKE

ここからは作品の作り方になります。
作品によっては編み図をなくしたり、簡略化していますが、
P.83をサンプルに基本的な見方を説明します。

必要なもの

この作品を作る際に使用した毛糸と針の情報、ゲージ、作品のサイズを記載。＊は、必須ではないがおすすめの意味。

作り方

この作品の作り方。手順番号（①②③…）と編み図の左側の番号が連動。今どこを編んでいるかがわかりやすい（※一部除く）。＊は、手順ごとに使用する針の種類、サイズの意味。

シンプル模様の編み込み帽子

#メリヤス編み　#減らし目なし　#編み込み模様

P.22
難易度
★★★

必要なもの

［糸］DARUMA 手つむぎ風タム糸 グリーン(18) 60g、ダークネイビー(14)10g
［針］50cm輪針12号、とじ針
＊［あると便利］段目リング、ポンポンメーカー8.5cm

［ゲージ］メリヤス編み17目×24段10cm四方
［サイズ］頭回り50cm、長さ25cm(ポンポンは除く)

作り方　P.66〜もご覧ください。
＊1〜⑤50cm輪針12号、⑥〜⑧とじ針

①作り目84目を編み、輪にする。
②糸(18)で、1目ゴム編みを9段編む。
③糸(18)で、メリヤス編みを5段編む。
④糸(14)を足し、2色を交互に編み込み模様を2段編む。
⑤糸(18)で、メリヤス編みを40段編む。
⑥100cm程度残し、糸をカットする。針に残った84目にとじ針を通し、カットした糸を二重に通し絞る。
⑦糸2本取りで直径8cm程度のポンポン(P.65参照)を編み、裏からトップに取り付ける。ポンポンメーカーなどを使う場合は、70回ずつ巻いて作る。
⑧糸の始末をする。

作品の写真ページと難易度（★〜★★★で分類）

編み図

この作品を作るための手順を図にしたもの。

拡大図

同じ編み方が続く場合の省略

編み込み部分

編み方ごとの段数

段数

作り目から1段目

14目を6回繰り返し84目編む

6回繰り返す　←　目数

図の升目部分の見方

= | グリーン表目
= | ダークネイビー表目
= グリーン裏目

ブランク部分はすべて表編みの意味

かぎ針編みの場合　（サンプルP.77）

●に続く

往復に編む場合の矢印（輪に編む場合はなし）

264 段まで繰り返して編む

くさり目の作り目（段数に含まない）

編み始め（作り目くさり37目）

段数

目数

※棒針編み、かぎ針編みどちらの編み図も、横軸は目数、縦軸は段数となる。棒針編みは、作り目が1段目になるが、かぎ針編みの作り目は段数に含まないので注意。

HOW TO MAKE

まっすぐ編みの ポンポン帽子 A・B

#細編みとすじ編み　#ゲージ不要　#編み図不要　#減らし目なし

P.6
難易度 ★☆☆

必要なもの

[糸]　A：DARUMA メリノスタイル並太　チョコレート（21）120g、B：DARUMA コンビネーションウール マスタード×きなり（8）160g
[針]　かぎ針7/0号（A）、ジャンボかぎ針8mm（B）、とじ針
[あると便利]　段かぞえマーカー、ポンポンメーカー7cm

[ゲージ]　不要
[サイズ]　頭回り58〜60cm、長さ28cm（伸ばした状態。ポンポンは除く）※参考サイズ

作り方　P.61〜もご覧ください。

①〜④かぎ針7/0号（A）、ジャンボかぎ針8mm（B）、⑥〜⑧とじ針

❶くさり編みの作り目を、引っ張らない状態で30cm程度編む。

❷1段目を細編みで編み、2段目は残り8cmまで細編みを編む。

❸②の8cm分は、くさりの向こう半目を拾ってすじ編みを編む。

❹細編みとすじ編みを繰り返し、軽く引っ張った状態で長さが58cmを超えたら、頭に巻いてサイズを確認し、ちょうどいい長さ（本作品は頭囲58cm）まで編む。このとき、編み終わりはすじ編み側にする。

❺編み地を中表にし、端をはぎ合わせ、筒状にする。

❻糸端をとじ針に付け、トップを並縫いで絞り、表に返す。

❼直径6cm程度のポンポンを作り、とじ針でトップに取り付ける。ポンポンメーカーなどを使う場合は、糸を150回（Bは100回）ずつ巻いて作る。

❽糸の始末をする。

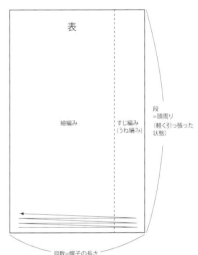

まっすぐ編みの
チェック柄ポンポン帽子

#細編みとすじ編み　#ゲージ不要　#編み図不要　#減らし目なし　#チェック柄

P.10
難易度
★★☆

必要なもの

[糸] DARUMA メリノスタイル並太 コルク(4)120g、きなり(1)、イエロー(20)、インディゴブルー(14)各少々
[針] かぎ針7/0号、とじ針
[あると便利] 段かぞえマーカー、ポンポンメーカー7cm

[ゲージ] 不要
[サイズ] 頭回り58～60cm、長さ28cm(伸ばした状態。ポンポンは除く)※参考サイズ

作り方　P.71参照

❶P.71のまっすぐ編みのポンポン帽子の①～④の作業をする。

❷編み地に、糸(20)、(1)、(14)の3色を使い、引き抜き編みでくさりのラインを編み付ける。

❸P.71のまっすぐ編みのポンポン帽子の⑤～⑧の作業をする。

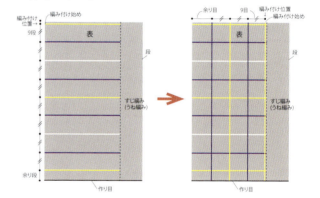

くさりのラインの編み付け方

❶指定の糸を裏からかぎ針で引き出す。

❷上の目にかぎ針を入れ、裏で糸をかける。

❸表に引き抜く。くさりの編み付けが1目できたところ。

❹同様に上の目にかぎ針を入れ、裏で糸をかける。

❺表に引き抜く。2目めができたところ。

❻②～⑤を繰り返す。

❼終わりまで編んだら、糸を10cm程度残して裏でカットする。

❽糸端をかぎ針で表の輪に引き抜く。

❾とじ針で裏に通す。

❿編み目に沿ってとじ針を入れる。

⓫糸を引き、残りの糸をカットする。

⓬横ラインは、編み地の向きを変え、段ごとに同様に編み付ける。

まっすぐ編みのチェック柄ポンポンマフラー

#細編みだけ　#ゲージ不要　#編み図不要　#増減なし　#チェック柄

P.10
難易度
★★★

必要なもの

[糸] DARUMA メリノスタイル並太 コルク(4)120g、きなり(1)、イエロー(20)、インディゴブルー(14)各少々
[針] かぎ針7/0号、とじ針
[あると便利] ポンポンメーカー7cm

[ゲージ] 不要
[サイズ] 幅15cm、長さ80cm ※参考サイズ

作り方

①〜③かぎ針7/0号、④〜⑥とじ針

❶ 糸(4)でくさり編みの作り目を、引っ張らない状態で85cm程度編む。

❷ 細編みで好みの幅(段)まで、自由に編む。

❸ 糸(20)、(1)、(14)の3色を使い、引き抜き編みでくさりのラインを編み付ける(P.72参照)。

❹ とじ針に糸(4)の別糸を付け、編み地の両端を並縫いでしぼる。

❺ 直径6cm程度のポンポン(P.65参照)を2個作り、両端の絞り口に取り付ける。ポンポンメーカーなどを使う場合は、糸を150回ずつ巻いて作る。

❻ 糸の始末をする。

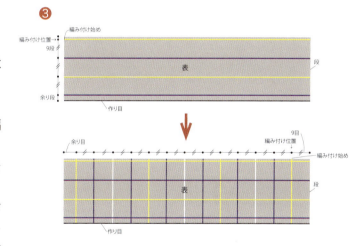

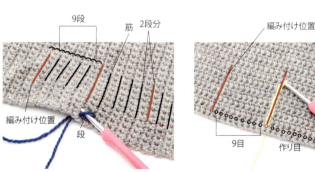

パプコーン編みの ポコポコダイヤ柄帽子

#パプコーン編み　#減らし目なし　#新作毛糸

P.12
難易度
★★☆

必要なもの

[糸]　DARUMA チェビオットウール ディープブルー(4)110g
[針]　かぎ針8/0号、とじ針

[ゲージ]　模様編み15目×14段10cm四方
[サイズ]　頭回り52cm、長さ24cm

＼POINT!!／
作り目が大きいと裏山が拾いやすいので、ここだけ1号大きな針を使用するのもあり。

作り方

①〜④かぎ針8/0号、⑤⑥とじ針

❶くさり70目で作り目をし、1目めを引き抜き、輪にする。
❷1段目は細編みを編む。
❸2段目〜17段目は細編みとパプコーン編みで模様編みを編む。
❹18段目から40段目まで細編みを編み、糸端を30cm程度残してカットする。
❺カットした糸をとじ針に通し、40段目を6目おきに並縫いしてトップを絞る(P.64参照)。
❻絞り口を整えながらさらに2、3回糸を通してから裏側で糸の始末をする。

長編み4目のパプコーン編みの編み方

❶針に糸をかける。

❷次の目に針を入れ、さらに針に糸をかけ、

❸引き出す。

❹さらに針に糸をかけ、針にかかる手前2本から引き出す。

❺さらに糸をかけ、残り2本を一緒に引き抜く。これで長編み1目が完成。

❻同じ目に、長編みを4目編み入れる。

❼一旦針をはずし、最初の長編みの頭から最後の長編みからはずした輪に針を入れ直す。

❽そのまま輪を最初の長編みの頭に引き抜く。

❾糸をかけくさり編みを1目編んだらパプコーン編みの完成。

HOW TO MAKE

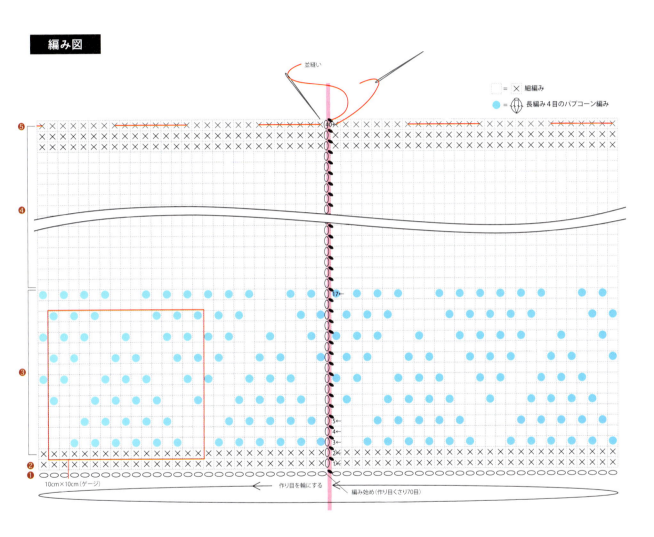

パプコーン編みの ポコポコダイヤ柄スヌード

#パプコーン編み　#新作毛糸　#増減なし

P.14
難易度
★★☆

必要なもの

[糸] DARUMA チェビオットウール きなり(1) 230g、ディープブルー(4)10g
[針] かぎ針8/0号、7/0号、とじ針

[ゲージ] 模様編み15目×14段10cm四方
[サイズ] 首回り80cm、長さ24cm

\\ POINT!! //
上部のかぶり口を7/0号かぎ針にすることで、下部よりも少し絞ることができます。

作り方

①〜③、⑤かぎ針8/0号、④かぎ針7/0号、⑥とじ針

❶くさり112目で作り目をし、1目めを引き抜き、輪にする。

❷1段目は裏山を拾い、細編みを編み、31段目まで細編みとパプコーン編みで模様編みをする。

❸32段目で糸(4)と針(7/0号)に変えて細編みを1段編む。

❹33段目は引き抜き編みをする。

❺上下逆にし、1段目に糸(4)をつけ、細編みを1段、引き抜き編みを1段編む。

❻糸の始末をする。

編み図

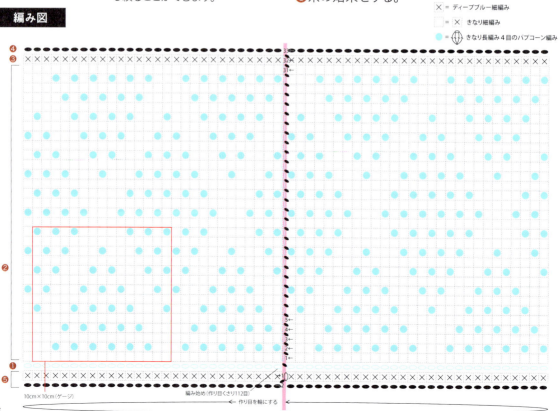

HOW TO MAKE

P.18
難易度 ★★★

3種糸を組み合わせた模様編みのスヌード

#模様編み　#3種の糸　#増減なし

必要なもの

[糸] DARUMA メリノスタイル極太 グレー（315）40g、ウールモヘヤ ミント（3）40g、LOOP きなり（1）60g
[針] かぎ針8/0号、とじ針

[ゲージ] 模様編み17目×13段10cm四方
[サイズ] 長さ152cm、幅22cm

作り方

①〜⑤かぎ針8/0号、⑥とじ針

❶ グレーの糸でくさり37目で作り目をし、立ち上がりのくさり1目を編む。

❷ 作り目のくさりの目を割って（くさりの半目を拾って）細編みを1目編む。続けてくさり2目を編んで作り目の2目を飛ばし、3目めに作り目の目を割って細編みを編む。これを繰り返し37目編む。

❸ 2段目以降も、立ち上がりのくさり1目を編んで細編み1目、くさり編み2目を繰り返し、16段編む。

❹ 17段目以降は、配色表のとおり3色の糸を変えながら、264段目まで編む。

❺ 265段目は編み地を表合わせにし、前段の細編みの頭くさり2本と作り目のくさりを一緒に編んで輪にする。

❻ 糸の始末をする。

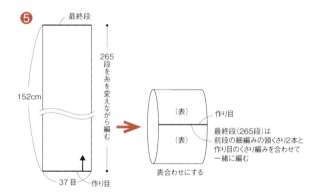

編み図

配色表	
194〜265	きなり
149〜193	ミント
133〜148	きなり
123〜132	グレー
119〜122	きなり
92〜118	ミント
78〜91	きなり
52〜77	グレー
41〜51	きなり
24〜40	ミント
17〜23	きなり
1〜16	グレー

77

よね編みの ベレー帽A・B

#くさり編みの輪から編む　#よね編み　#減らし目　#増し目

P.16
難易度
★★★

必要なもの

[糸] A:DARUMA メリノスタイル極太 グレー(315)75g、B:DARUMA ポンポンウール ボルドー×ブルーグレー(10)120g
[針] かぎ針8/0号(A)、かぎ針7.5/0(B)、とじ針
[あると便利] 段かぞえマーカー

[ゲージ] A:模様編み17目×18段10cm四方、B:模様編み20目×21段10cm四方
[サイズ] 頭回り53cm、長さ20cm(縁からトップ)

作り方　P.80〜もご覧ください。

①〜⑤、⑦かぎ針8/0号(A)、7.5/0号(B)、⑥⑧とじ針

❶くさり84目で作り目をし、1目めを引き抜き、輪にする。

❷1段目は、細編み1目くさり編み1目を交互に編み図のとおり編む。2段目からはよね編み(P.80参照)で増し目をしながら5段目まで編む。このとき細編みは、1段目は作り目の目を割って(くさりの半目を拾って)編み、2段目以降はすべて前段の束を拾って編む。

❸6〜18段目まで増減なしで編み、132目(66模様)を繰り返し編む。

❹19〜31段目までは、編み図のとおり、細編み2目一度で減らし目をする。

❺32段目は細編みを6目編む。

❻20cm程度残して糸をカットし、とじ針に糸端を付け、⑤の細編みの頭をくぐらせて引き締め、糸の始末をする。

❼本体の上下を反転させ、新たに糸を付けて減らし目をしながら細編みで6段分の縁を編む。

❽編み終わりの糸をチェーンつなぎし、糸の始末をする。

目数・増減表

	段	目数	増減
縁編み	6	66目	増減なし
	5	66目	-6目
	4	72目	増減なし
	3	72目	-6目
	2	78目	増減なし
	1	78目	-6目
本体	32	6目	-6目
	31	12目/6模様	-12目
	30	24目/12模様	増減なし
	29	24目/12模様	-12目
	28	36目/18模様	増減なし
	27	36目/18模様	-12目
	26	48目/24模様	増減なし
	25	48目/24模様	-12目
	24	60目/30模様	
	23	72目/36模様	
	22	84目/42模様	
	21	96目/48模様	
	20	108目/54模様	
	19	120目/60模様	
	5〜18	132目/66模様	
	4	120目/60模様	+12目
	3	108目/54模様	
	2	96目/48模様	
	1	84目/42模様	

HOW TO MAKE

編み図

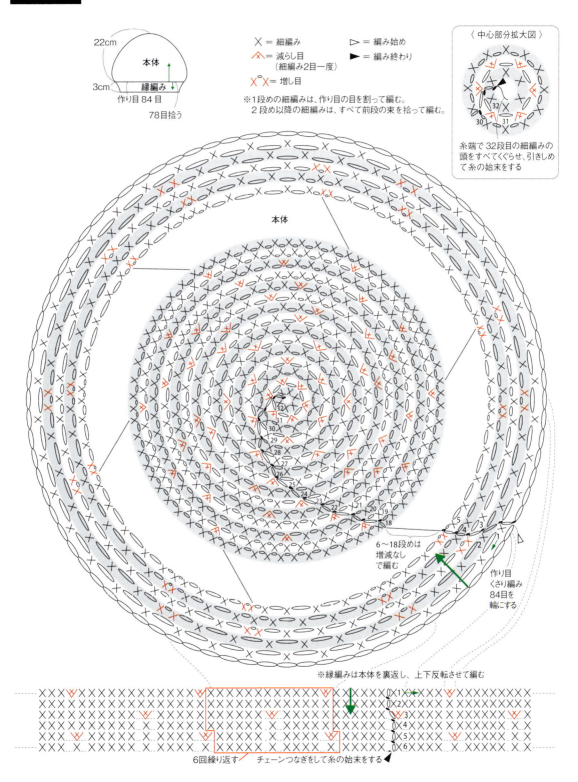

<よね編みのベレー帽>
編み方ポイント

よね編み

❶くさり編みを1目編む。

❷1目とばし、前段のくさり編みの束に針を入れ、糸をかける。

❸そのまま引き出し、針に糸をかける。

❹針にかかる2本を一緒に引き抜く。次の段以降も①〜④を繰り返し編むとよね編みになる。

模様編み（細編みとくさり編み）の増し目

❶前段の束に細編み1目、くさり編みを1目編む。

❷同じ目に針を入れ、糸をかける。

❸そのまま引き出し、針に糸をかける。

❹針にかかる2本を一緒に引き抜く。模様編みの増し目の完成。

細編み2目一度（減らし目）

❶前段のくさり編みの束に針を入れる。

❷針に糸をかけ、引き出す。

❸前段2目となりのくさり編みの束に針を入れ、糸をかける。

❹そのまま引き出す。

❺糸をかけ針にかかる3本を一緒に引き抜く。

HOW TO MAKE

最終段（32段）の編み方

❶31段目まで編んだところ。　❷前段のくさり編みの束に針を入れる。　❸細編みを1目編む。　❹同様に前段のくさり編み5目も細編みで編む。

トップの糸始末の仕方

❶20cm程度残して糸をカットし、とじ針に通す。　❷最終段の細編み6目にとじ針を通す。　❸糸を引き締める。　❹裏面にとじ針を入れ、近くの目に糸を通し、余った糸をカットする。

縁編み

❶最終段まで編んだら、編み地を返す。1目めは作り目のくさり編みの束に針を入れる。　❷糸をかけ、引き出す。　❸立ち上がりのくさり編みを1目編む。

❹同じ目に細編みを1目編む。　❺2目めはとなりの作り目を拾い、細編みを1目編む。3目め、4目めと隣の作り目を拾いながら細編みを繰り返し最後まで編む。2段目以降は、前段の細編みの頭を拾い減らし目しながら6段編む。

模様編みのアレンジ ネックウォーマー

#フェイクファー　#細編み表引き上げ編み　#増減なし

P.20
難易度 ★★★

必要なもの

[糸]　DARUMA メリノスタイル極太 オートミール(312)120g、フェイクファー ブラウン(4)1個
[針]　かぎ針8/0号、ジャンボかぎ針10mm、とじ針

[ゲージ]　模様編み21目×19段10cm四方
[サイズ]　首回り50cm、幅13cm(フェイクファー含む)

作り方

①〜④かぎ針8/0号、⑤ジャンボかぎ針10mm、⑥とじ針

❶ くさり99目で作り目をし、1目めを引き抜き、輪にする。

❷ 立ち上りのくさり1目を編んだら、作り目のくさり編みの目を割って(くさりの半目を拾って)細編みを1目編む。続けてくさり編みを2目編み、作り目の2目を飛ばし、3目めの作り目のくさりの目を割って細編みを編む。最後の目は引き抜き編みする。

❸ 2段目は、立ち上がりのくさり編み1目を編んで前段の細編みの足をすくい、細編み表引き上げ編みを1目編む。続けてくさり編みを2目編み、編み図のように繰り返す。これを40段編む。

❹ 編み地を半分から内側に折る。

❺ 編み地の端を重ね、フェイクファーの糸で縁編みをする。このとき細編みは、くさり編み2目の束を拾う。

❻ 糸の始末をする。

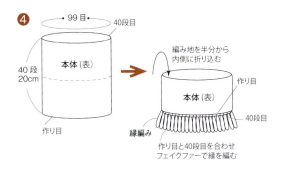

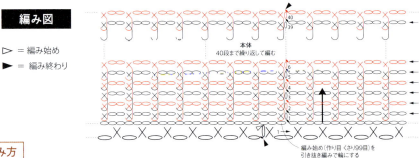

細編みの表引き上げの編み方

❶前段の細編みの足を矢印のようにすくう。

❷針に糸をかけ、矢印の方向に引き出す。

❸針に2本輪がかかったところ。

❹針に糸をかける。

❺針にかかる2本を一緒に引き抜くと細編みの表引き上げ編みが1目完成。

HOW TO MAKE

シンプル模様の 編み込み帽子

#メリヤス編み　#減らし目なし　#編み込み模様

P.22
難易度
★★★

必要なもの

[糸] DARUMA 手つむぎ風タム糸 グリーン(18) 60g、ダークネイビー(14)10g
[針] 50cm輪針12号、とじ針
[あると便利] 段目リング、ポンポンメーカー8.5cm

[ゲージ] メリヤス編み17目×24段10cm四方
[サイズ] 頭回り50cm、長さ25cm(ポンポンは除く)

作り方　P.66〜もご覧ください。

①〜⑤50cm輪針12号、⑥〜⑧とじ針

❶作り目84目を編み、輪にする。
❷糸(18)で、1目ゴム編みを9段編む。
❸糸(18)で、メリヤス編みを5段編む。
❹糸(14)を足し、2色を交互に編み込み模様を2段編む。
❺糸(18)で、メリヤス編みを40段編む。
❻100cm程度残し、糸をカットする。針に残った84目にとじ針で、カットした糸を二重に通し絞る。
❼糸2本取りで直径8cm程度のポンポン(P.65参照)を作り、裏からトップに取り付ける。ポンポンメーカーなどを使う場合は、70回ずつ巻いて作る。
❽糸の始末をする。

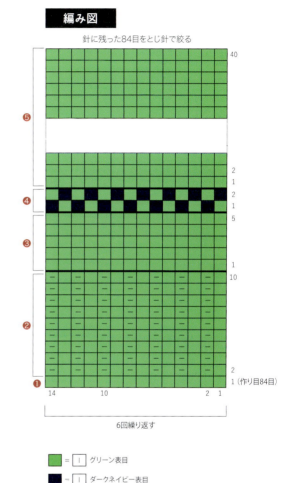

編み図

= グリーン表目
= ダークネイビー表目
= グリーン裏目

6回繰り返す

83

シンプル模様の編み込みマフラー

#メリヤス編み　#増減なし　#編み込み模様　#糸始末不要

P.22
難易度
★★★

必要なもの

[糸]　DARUMA　手つむぎ風タム糸　グリーン(18) 230g、ダークネイビー(14) 15g
[針]　4本棒針12号もしくはキャリーエス、10/0〜12/0号程度のかぎ針
[あると便利]　段目リング

[ゲージ]　メリヤス編み17目×24段10cm四方
[サイズ]　長さ135cm(フリンジは除く)、幅17cm

作り方

①〜⑦4本棒針12号、⑧10/0〜12/0号程度のかぎ針

❶作り目60目を編み、輪にする。
❷糸(18)で、メリヤス編みを14段編む。
❸糸(18)と(14)の2色を交互に編み込み模様を1段編む。
❹糸(18)で、メリヤス編みを20段編み、糸2色で編み込み模様を1段編む。
❺❹をあと12回繰り返す。
❻糸(18)で、メリヤス編みを14段編む。
❼表目の伏せ止めをして、糸端をすべて輪の内側に隠す。
❽編み地の両端にフリンジを付ける。

フリンジの付け方

❶長さ30cmに切った糸(18)を48本、糸(14)を16本用意する。
❷①を糸(18)3本、糸(14)1本を1束にし、16個作る。
❸②を8個ずつ、裏側からかぎ針で通し、右のように両端に付ける。

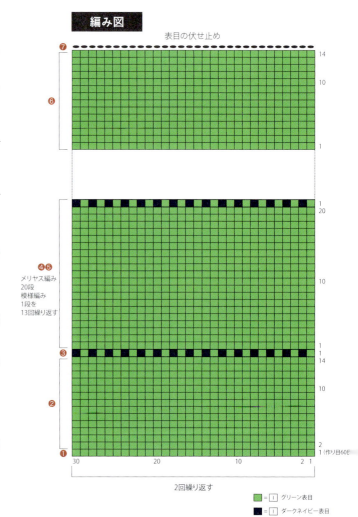

輪に通す

ぎゅっと引っ張る

HOW TO MAKE

P.24
難易度
★★★

ブロック柄の
バイカラーネックウォーマー

#簡単編み込み　#メリヤス編み　#まっすぐ編み　#増減なし

必要なもの

[糸] DARUMA　メリノスタイル並太　レッド(24) 30g、マスタード(13) 30g
[針] 50cm輪針7号、とじ針
[あると便利] 段目リング

[ゲージ] メリヤス編み23目×32段10cm四方
[サイズ] 首回り48cm、長さ27cm

作り方

①〜⑪50cm輪針7号、⑫とじ針

❶作り目108目を編み、輪にする。
❷糸(24)で、1目ゴム編みを4段編む。
❸メリヤス編みを3段編む。
❹糸(24)と糸(13)の2色を交互に編み込み模様を1段編む。
❺糸(24)で、メリヤス編みを30段編む。
❻2色の糸を2回ずつ交互に編み込み模様を2段編む。
❼糸(13)で、メリヤス編みを30段編む。
❽2色の糸を2回ずつ交互に編み込み模様を1段編む。
❾糸(13)で、メリヤス編みを3段編む。
❿続けて1目ゴム編みを5段編む。
⓫表目の伏せ止めをする。
⓬糸の始末をする。

編み図

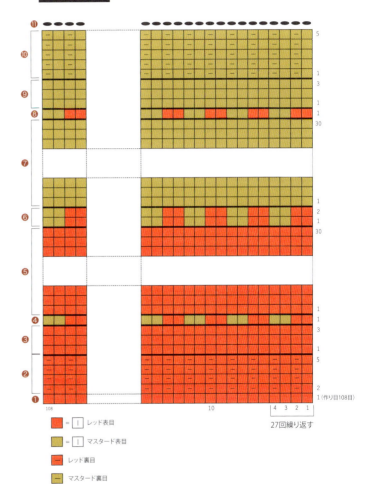

= レッド表目
= マスタード表目
= レッド裏目
= マスタード裏目

27回繰り返す

85

V字模様のターバン

#簡単編み込み　#メリヤス編み　#21段編むだけ　#増減なし　#新作毛糸

P.26
難易度
★★☆

必要なもの

[糸] DARUMA ウールタム オリーブ(3)25g、きなり(1)10g
[針] 50cm輪針15号、とじ針
[あると便利] 段目リング

[ゲージ] メリヤス編み14目×18段10cm四方
[サイズ] 頭回り52cm、長さ11cm

作り方

①〜⑦50cm輪針15号、⑧とじ針

❶ 作り目72目を編み、輪にする。
❷ 糸(3)で、1目ゴム編みを2段編む。
❸ 続けてメリヤス編みを1段編む。
❹ 糸(3)と糸(1)の2色で4目1模様の編み込み模様を13段編む。
❺ 糸(3)で、メリヤス編みを1段編む。
❻ 続けて1目ゴム編みを3段編む。
❼ 表目の伏せ止めをする。
❽ 糸の始末をする。

編み図

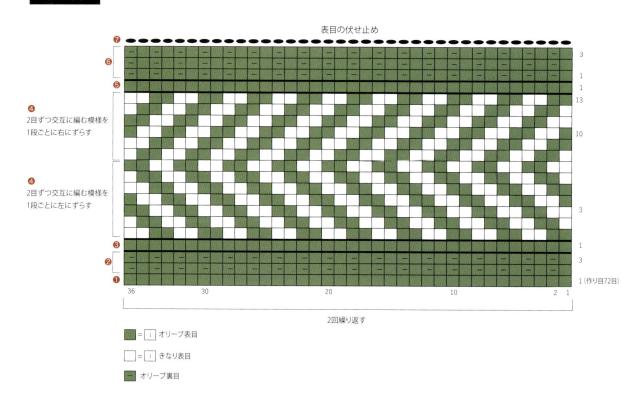

HOW TO MAKE

トップを桜型に絞る表目と裏目模様の帽子

P.30
難易度 ★★☆

#表目と裏目の模様　#減らし目なし　#ユニークな形

必要なもの

[糸] DARUMA 空気をまぜて糸にしたウール アルパカ ライトグレー（7）45g
[針] 50cm輪針5号、かぎ針6/0号、とじ針
[あると便利] 段目リング
[ゲージ] 模様編み22目×34段10cm四方
[サイズ] 頭回り50cm、長さ20cm

作り方

①～④50cm輪針5号、⑤かぎ針6/0号、⑥とじ針

❶作り目120目を編み、輪にする。
❷2～13段目は裏目2目、表目2目の2目ゴム編みを編む。
❸以降表目と、表目2目、裏目2目を交互に編む。これを61段編む。
❹表目の伏せ止めをする。
❺かぎ針で12目と12目をはぎ合わせ、5分割(5片)する。
❻糸の始末をする。

トップのはぎ合わせ方

❶同じ①の番号の目を合わせ新しく糸をつけ、それぞれ①→②、③→④の順にかぎ針で12目ずつ引き抜き編みではぎ、糸を切る。
❷新しく糸をつけ、⑤→⑥、⑦→⑧の順に12目ずつ引き抜き編みではぎ、糸を切る。
❸新しく糸をつけ、⑨→⑩の順に12目引き抜き編みではぎ、糸を切る。
※引き抜きはぎの仕方はP.63参照

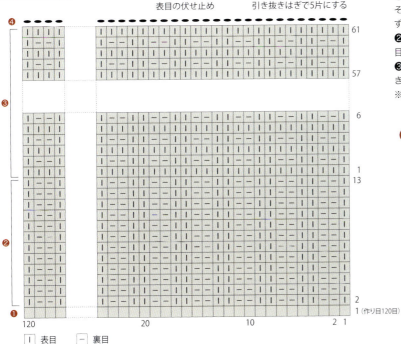

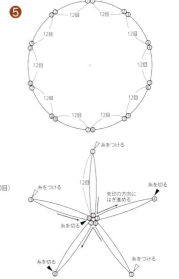

87

表目と裏目模様の バイカラースヌード

#表目と裏目の模様　#増減なし　#バイカラー

P.30
難易度
★★★

必要なもの

[糸] DARUMA 空気をまぜて糸にしたウールアルパカ ライトグレー(7)60g、カナリヤ(12)15g
[針] 50cm輪針5号、とじ針
[あると便利] 段目リング、編み針キャップ

[ゲージ] 模様編み22目×34段10cm四方
[サイズ] 首回り60cm、長さ30cm

作り方

①〜⑥50cm輪針5号、⑦とじ針

❶ 作り目160目を編み、輪にする。

❷ 2〜9段目は裏目2目、表目2目の2目ゴム編みを編む。

❸ 以降表目と、表目2目、裏目2目を交互に編む。これを60段編む。

❹ 糸(12)で、同様に25段編む。

❺ 糸はそのままに、2目ゴム編みを8段編む。

❻ 表目の伏せ止めでとじる。

❼ 糸の始末をする。

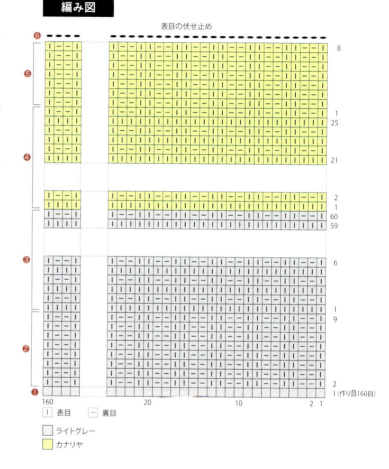

88

HOW TO MAKE

「8目1模様」で斜め模様を作る両面ネックウォーマー

P.36
難易度 ★☆☆

#裏目と表目だけ　#増減なし　#斜め模様　#リバーシブル　#新作毛糸

必要なもの

[糸] DARUMA ウールタム インクブルー（4）80g
[針] 60cm輪針15号、とじ針
[あると便利] 段目リング、編み針キャップ

[ゲージ] 模様編み12目18段10cm四方
[サイズ] 首回り55cm、長さ30cm

作り方

①～③50cm輪針15号、④とじ針

❶作り目72目を編み、輪にする。
❷2段目は8目1模様とし、1～6目を裏目、7、8目を表目で編む。以降は編み図のように模様を1目ずつずらしながら編む。
❸裏目の伏せ止めでとじる。
❹糸の始末をする。

編み図

裏目の伏せ止め

| 表目　— 裏目

POINT!!

両面仕様のリバーシブルタイプ。表目のほうが編みやすい場合は、表目1、2、3、4、5、6、裏目7、8の編み方でOK。伏せ止めは表目で。

裏目の伏せ止めの仕方

❶裏目を2目編む。

❷左の針で、1目めをすくう。

❸2目めにかぶせて針から抜く。裏目の伏せ止めができたところ。以降は裏目を1目編み、❷❸を繰り返す。

「8」のペースで編む 裏目と表目の帽子A・B

#裏目と表目だけ　#作り目たったの64目　#左上2目一度

P.38
難易度
★★★

必要なもの

[糸]　A：DARUMA ウールタム マリーゴールド(2)80g、B：メリノスタイル並太 カメリアピンク(17)40g、コルク(4)40g

[針]　A・B共通：50cm輪針15号、4本棒針15号もしくはキャリーエス、とじ針

[あると便利]　段目リング

[ゲージ]　A：模様編み12目18段10cm四方、B：模様編み14目×20段10cm四方

[サイズ]　頭回り46cm、長さ22cm(A)、26cm(B)

編み図

❺針に残った16目をとじ針で絞る

❹
3、2目を一度に表編み
4、3目を一度に表編み
5、4目を一度に表編み
6、5目を一度の表編み
7、6目を一度に表編み
7、8目を一度に表編み

Bは1目ゴム編みを11段編み、最後に折り返す。
❸以降はAパターンと同様。

Bパターン

❷

❶

8回繰り返す

| 表目　□=− 裏目

❸「8」のペースで編む。
裏目7目、表目1目のペースを8回繰り返して30段編む。

Aは1目ゴム編みを3段編む。

Aパターン

❷

❶
(作り目64目)

8回繰り返す

| 表目　□=− 裏目

HOW TO MAKE

作り方

①〜③50cm輪針15号、④4本針15号、⑤⑥とじ針

Aタイプは1本取り、Bタイプは2本取りで編む。
❶作り目64目を編み、輪にする。
❷裏目、表目を交互に編む1目ゴム編みを3段編む。Bタイプは11段編む。
❸裏目7、表目1のペースで30段編む。
❹24目、24目、16目で3本の針に分け、1段ごとに左上2目一度をして減らし目をする（6回）。
❺針に残った16目に、とじ針で糸を二重に通し絞る。
❻糸の始末をする。

\\ POINT !! //

糸2本取りとは「引き揃え」ともいい、2本以上の糸をまとめて編むこと。Bタイプは同じ種類の糸の引き揃えですが、種類の異なる糸同士もおすすめです。

減らし目の仕方〜とじ方

❶4本棒針の3本にそれぞれ、24目、24目、16目に分ける（5本針の場合は16目ずつ4本に分ける）。

❷裏目を6目編む。

❸表目と右どなりの裏目に一緒に針を入れる。

❹針に糸をかけ、一度に糸を引き抜く。左上2目一度ができたところ。次の段以降は編み図を参照し、②〜⑤を繰り返す。

❺残り16目になったら50cm程度残して糸をカットし、残った目にとじ針で糸を通す。

❻糸を2周通したら棒針を抜く。

❼3本の棒針を抜いたら糸を引っ張る。

❽糸をしっかり引いて絞る。

❾とじ針を裏面に通し、帽子を裏返し、とじ針で近くの目を拾う。

❿糸を通したら、残りの糸をカットする。

3種のリブ編み 帽子えりまき

#3way仕様　#帽子えりまき　#リブ編み3種

P.32
難易度
★★☆

必要なもの

[糸] DARUMA シェットランドウール グレー(8)50g、レッド(10)80g
[針] 4本棒針6号もしくはキャリーエス、かぎ針6/0号、とじ針、縫い針
[その他] 直径2cm程度のボタン1個、厚紙、縫い糸
[あると便利] 段目リング

[ゲージ] 本体A・B：約40目×32段10cm四方
本体C：約40目×31段10cm四方
[サイズ] 幅16cm(平置き)、長さ62cm

POINT!!
❺で口を絞るときは、本体C側から作業をすると仕上がりがきれいです。

作り方

①~④4本針6号、⑤とじ針、⑥かぎ針6/0号、⑧縫い針

❶作り目120目を編み、輪にする。
❷糸(8)で、編み図のとおり72段目まで本体Aを編む。
❸糸(10)で、編み図のとおり本体Bを28段編む。
❹編み図のとおり本体Cを93段編み、表目の伏せ止めをする。
❺本体A側の口は、2目ごとに並縫いし、本体C側の口は編み図のように並縫いして絞り、形を整える。
❻余った糸でボタンループと半球型ポンポンを1個作る。
❼本体A側の絞り口にポンポンを付け、その根元にボタンループ用のくさり目をくくりつける。
❽本体B側の絞り口にボタンを縫い付ける。
※帽子へのアレンジのしかたはP.34~を参照

半球型ポンポンの作り方

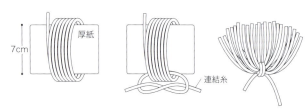

❶余った糸を厚紙に巻く(連結糸を除く)。
❷連結糸(グレー)で下部を結ぶ。
❸厚紙をはずして半球型に切り揃え、形を整える。

ボタンループの作り方

6/0号かぎ針でくさり10目を編み、輪にしてポンポンの根元にしっかり結びつける。

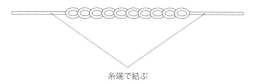

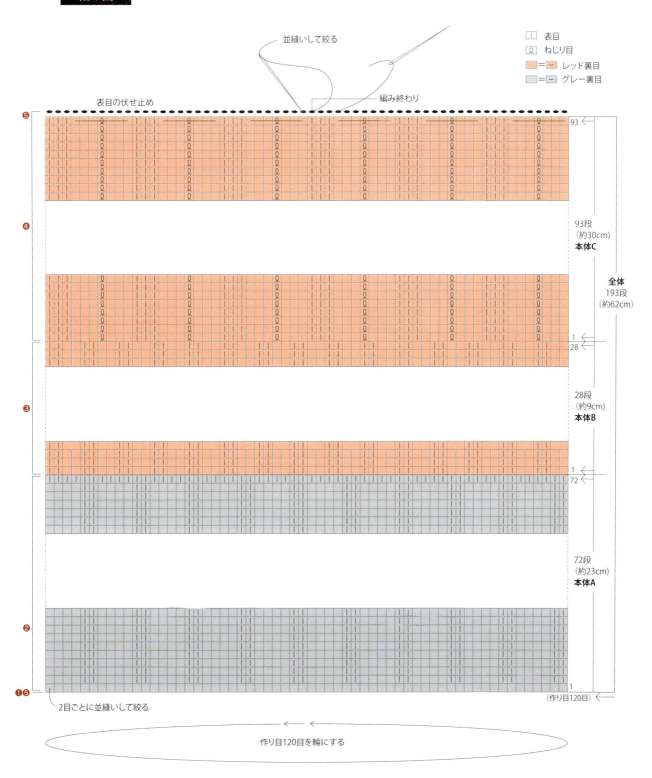

この本で使用する編み方記号表

かぎ針編み

くさり編み かぎ針に糸をかけ、輪に引き抜く。

引き抜き編み 前段の目にかぎ針を入れ、糸をかけ引き抜く。

 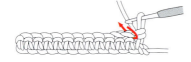  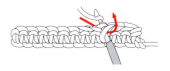

細編み 立ち上がりのくさり1目は目数に入れず、上半目に針を入れ糸を引き出し、糸をかけ2ループを引き抜く。　　**すじ編み** くさり半目に針を入れ、以降は細編みと同じ。

立ち上がり1目　　上半目に針を入れる。

細編みの表引き上げ編み 前段の目の足を手前からすくい、細編みを編む。

  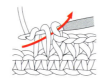 

長編み かぎ針に糸をかけ引き出し、さらに糸をかけ2ループ引き抜くを2回繰り返す。

1回巻く　　台の目　立ち上がり3目

細編み2目一度 1目めに針を入れ糸をかけて引き出し、次の目も引き出したら一度に引き抜く。

 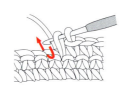 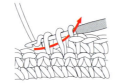 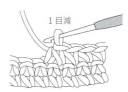

1目減

長編み4目のパプコーン編み　同じ目に長編みを4目編み入れ、一度かぎ針をはずして一度に引き抜く。

  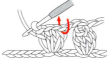  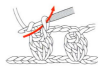 

チェーンつなぎ　編み終わりの目の糸を引き出し、とじ針で編みはじめの目に通す。編み終わりの目へ戻し裏で糸の始末をする。

棒針編み

表目

①糸を向こう側に置き、右針を手前から左針の目に入れる。　②右針に糸をかけ、矢印のように手前に引き出す。　③引き出しながら左針をはずす。

裏目

①糸を手前に置き、右針を左針の目の向こう側に入れる。　②右針に糸をかけ、矢印のように向こう側に引き出す。　③引き出しながら左針をはずす。

ねじり目

①右針を左針の目の向こう側に入れる。　②右針に糸をかけ、矢印のように手前に引き出す。　③引き出したループの根元がねじれる。

左上2目一度

 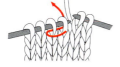 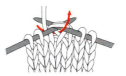 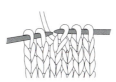

①左針の2目の左側から一度に右針を入れる。　②右針に糸をかけ、2目一緒に表目で編む。

編集	武智美恵
デザイン	伊藤智代美
	石川志摩子
	ギール・プロ
撮影	島根道昌
制作協力	佐倉光　矢羽田梨花子　小鳥山いん子
トレース	小池百合穂（P.77、79、82）
動画編集	西澤浩二

ヘアメイク	福留絵里
モデル	明星あゆみ（スペースクラフト）
撮影協力	齊藤知秋

衣装提供　Hholic
https://h-holic.com
※一部スタッフ私物

素材提供　横田株式会社・DARUMA
daruma-ito.co.jp/
TEL 06-6251-2183

チューリップ株式会社
www.tulip-japan.co.jp
TEL 082-238-1144

デザイン・製作	ベルンド・ケストラー
	くげなつみ
	がーりーはんどめいらー神戸秋弘
	小鳥山いん子
	ザ・ハレーションズ
	矢羽田梨花子

内容に関するお問い合わせは
小社ウェブサイトお問い合わせフォームまでお願いいたします。
ウェブサイト　https://www.nihonbungeisha.co.jp/

シンプルな編み方だけで作れる

はじめてのニット帽とマフラー

2019 年 11 月 20 日　　第 1 刷発行

編　者	日本文芸社
発行者	吉田芳史
印刷所	株式会社 光邦
製本所	株式会社 光邦
発行所	株式会社 日本文芸社
	〒135 0001　東京都江東区毛利2-10-18 OCMビル
	TEL 03-5638-1660（代表）

Printed in Japan 112191029-112191029 Ⓝ 01 （201070）
ISBN978-4-537-21737-7
URL https://www.nihonbungeisha.co.jp/
© NIHONBUNGEISHA　2019
（編集担当　牧野）

印刷物のため、作品の色は実際と違って見えることがあります。ご了承ください。
本書の一部または全部をホームページに掲載したり、本書に掲載された作品を複製して店頭やネットショップなど
で無断で販売することは、著作権法で禁じられています。

乱丁・落丁本などの不良品がありましたら、小社製作部宛にお送りください。送料小社負担にておとりかえいたします。
法律で認められた場合を除いて、本書からの複写・転載（電子化を含む）は禁じられています。また、代行業者等の
第三者による電子データ化および電子書籍化は、いかなる場合も認められていません。